BIBLIOTHÈQUE L. CURMER.

ENSEIGNEMENT ÉLÉMENTAIRE.

GÉOGRAPHIE.

1re Série.

10 centimes.

PARIS.
L. CURMER,
rue de Richelieu, 49, AU PREMIER.

1849

BIBLIOTHÈQUE L. CURMER.

ENSEIGNEMENT UNIVERSEL.

ÉLÉMENTS DE GÉOGRAPHIE,

Par MM. C. SPIESS,
ancien Instituteur et Professeur,

et A. CROS.

La République doit mettre à la portée de chacun l'instruction indispensable à tous les hommes.

(Constitution de 1848.)

PARIS.
LIBRAIRIE DE L. CURMER,
rue de Richelieu, 49, AU PREMIER.

1849

La **Bibliothèque L. Curmer** est destinée à enserrer dans un vaste réseau de publications *tout* ce qui touche à l'ENSEIGNEMENT UNIVERSEL, à l'ENSEIGNEMENT MORAL et à l'ENSEIGNEMENT ÉLÉMENTAIRE. Sous le premier titre, elle abordera toutes les questions qui dérivent de la Constitution ; sous le deuxième, elle comprendra une série d'histoires et de récits instructifs et amusants ; sous le troisième, elle donnera des notions de toutes les sciences.

Elle fait un appel à *l'intelligence*, en la conviant à répandre ses bienfaits sur tous ceux qui ont besoin d'apprendre ; à la *richesse*, en l'engageant à populariser ces petits écrits et à les distribuer avec la profusion qu'ils méritent par leur but et leur importance ; aux *travailleurs*, en leur offrant un moyen sûr et peu dispendieux d'acquérir sans peine toutes les connaissances qui forment l'homme et le citoyen.

Cette publication est placée sous le patronage de L'ENSEIGNEMENT, *association nationale et fraternelle pour la diffusion des lumières et l'émancipation intellectuelle*, qui compte parmi ses membres CENT VINGT REPRÉSENTANTS DU PEUPLE, et qui a pour but de répandre partout l'amour du pays, l'instruction et la paix.

Ces petites publications coûteront 10, 20, 30, 40 et 50 centimes, selon le nombre de feuilles de 32 pages, et celui des gravures qui serviront à l'explication du texte.

Paris. — Imprimerie de BIGNOUX, rue Monsieur-le-Prince, 29 *bis*.

ÉLÉMENTS DE GÉOGRAPHIE.

Ce que veut dire Géographie.

Avant de vous expliquer ce que veut dire *géographie*, regardez attentivement les petites gravures qui suivent.

En voici une qui vous représente un jeune homme partant pour faire un voyage.

Il remarque, dès son départ, une foule d'objets qui frappent son attention, une voiture attelée de deux chevaux, un cavalier, des bestiaux dans un champ, des arbres et des maisons.

— 4 —

Ici il rencontre un chemin de fer avec des wagons, puis un canal sur lequel se trouve un bateau tiré par des chevaux, et plus loin, il aperçoit les clochers et les grands édifices d'une ville.

Notre petit voyageur maintenant est assis près d'une *baie*.

On appelle ainsi une portion de mer qui s'avance dans la terre.

Des navires de toute espèce naviguent sur l'eau. Ils paraissent être près d'un *port de mer*; c'est le nom que l'on donne aux endroits situés sur le bord de la mer, où les vaisseaux arrivent, et d'où ils repartent pour les pays étrangers.

Il s'embarque dans un de ces navires ou vaisseaux que vous apercevez, et, quittant sa patrie, il arrive en traversant la mer dans un pays étranger.

Là il voit des maisons construites autrement que celles de sa patrie, des hommes habillés de toute autre manière que lui, et des animaux différents de ceux du pays où il est né.

Il aperçoit dans le lointain une haute montagne qui fume, semblable à une immense cheminée; c'est un *volcan*.

Vous voyez donc que, si l'on se met en voyage pour aller d'un pays dans un autre, on remarque bien des choses, des arbres, des routes, des champs, des troupeaux, des maisons; dans certaines contrées, un chemin de fer ; dans d'autres, un canal avec des bateaux ; puis des rivières, des montagnes. On arrive dans des villes, dans des ports de mer, où l'on voit des vaisseaux et des bateaux à vapeur qui naviguent sur l'eau. Enfin, en visitant les pays étrangers, on remarque des animaux, des maisons, des montagnes, des volcans, et beaucoup d'autres choses curieuses à voir.

Le mot GÉOGRAPHIE veut dire *description de la terre*, ou autrement, la géographie nous fait la description des peuples, des villes, des montagnes, des mers, des rivières, des forêts, des chemins de fer, des animaux, et de tout ce qui est intéressant sur la terre.

En étudiant la géographie, on acquiert, sans avoir besoin de faire des voyages, la connaissance de tout ce qui est remarquable dans le monde.

Les points Cardinaux.

Si l'on veut se mettre en voyage pour parcourir le monde, il est nécessaire, afin de pouvoir se diriger, de connaître d'abord les points cardinaux, ce qui veut dire de savoir où se trouve le NORD, le SUD, l'EST et l'OUEST. Cette connaissance est également nécessaire pour étudier la géographie.

Le soleil se lève à l'*est* et se couche à l'*ouest*. Si vous étendez votre bras droit vers l'*est* et le bras gauche vers l'*ouest*, vous aurez en face de vous le *nord*, et le *sud* se trouvera derrière vous. On appelle aussi le nord *septentrion,* le sud *midi,* l'est *orient* ou levant, et l'ouest *occident* ou couchant.

Il est utile que vous sachiez quelque chose quant aux distances, comme par exemple ce que c'est qu'une lieue ou cinq kilomètres. En marchant une heure ou soixante minutes, vous pouvez parcourir une lieue d'étendue. Un homme peut faire environ dix lieues par jour, un cheval en fera seize à dix-huit dans une journée, un bateau à vapeur fait quatre lieues à l'heure, et un wagon lancé sur un chemin de fer peut en parcourir six à huit et plus dans ce même laps de temps.

La Terre.

Les hommes vivent sur la terre, ainsi qu'une immense quantité d'animaux de toute espèce.

Les arbres et les plantes s'y trouvent en variétés infinies.

Sur la terre, on voit des plaines ou vallées, des coteaux ou collines, et des montagnes.

Une *vallée* est une terre basse bornée par des coteaux ou des montagnes; lorsque cette terre a une certaine étendue, on l'appelle *plaine*. Chaque vallée est presque toujours traversée par une rivière.

Les *coteaux*, ou collines, sont de petites élévations sur la terre. Vous pouvez facilement monter sur la cime d'un coteau.

Les *montagnes* sont des élévations considérables sur la terre. Il est difficile de faire l'ascension d'une montagne.

Lorsque plusieurs montagnes sont très-rapprochées les unes des autres sur une longue étendue de pays, on dit qu'elles forment une *chaine*.

Les sommets élevés reçoivent différents noms, tels que ceux de *pics*, d'*aiguilles*.

On appelle aussi quelquefois les montagnes des *monts*.

Les *pays plats* très-élevés portent le nom de *plateaux*.

On appelle *steppes* de grandes plaines incultes ou sablonneuses et désertes.

Lorsqu'elles ont moins d'étendue, on les nomme *landes*.

En Amérique, on désigne sous le nom de *savanes* d'immenses plaines couvertes de hautes herbes.

Les *déserts* sont des terrains couverts de sables sans plantes et arbres, cependant on y trouve parfois de petits endroits où croissent des plantes et des arbres. Ces endroits, qui souvent sont cultivés, portent le nom d'*oasis*, et offrent au voyageur un lieu de repos.

Géographie.

Les *volcans* sont des montagnes qui, de temps en temps, s'ouvrent à leur sommet, et font sortir, avec un bruit semblable à celui du tonnerre, de la fumée, des flammes, des cendres, et une matière liquide et brûlante appelée *lave*.

L'Eau.

Un *fleuve* est un cours d'eau considérable qui, après avoir parcouru une certaine étendue de pays, se jette dans la mer. Les deux côtés d'un fleuve sont appelés *rives* ou *rivages*.

Les *rivières* sont des cours d'eau moins importants.

Ensuite viennent les *ruisseaux*.

Les *torrents* sont des cours d'eau rapides dans des pays montagneux.

Quand on parle de la rive droite ou de la

rive gauche d'un fleuve, d'une rivière, d'un ruisseau, d'un torrent, on entend les côtés qui se trouvent à droite et à gauche en suivant le courant de l'eau.

On appelle *source* le commencement d'un cours d'eau, et *embouchure* l'endroit où il se jette soit dans un autre cours d'eau, soit dans la mer.

Un *lac* est une grande étendue d'eau douce sans courant et entourée de terre.

Un *étang* est un petit lac quelquefois creusé par la main de l'homme.

Quand les eaux restent stagnantes faute d'écoulement, elles forment ce qu'on appelle des *marais* ou *marécages*.

Les *marais salants* sont des espèces de réservoirs pratiqués sur les bords de la mer dans lesquels on fait entrer de l'eau de mer qui se mélange avec l'eau douce. La chaleur du soleil fait évaporer cette eau, c'est-à-dire l'eau disparaît, et ce qui reste est le sel.

La *mer* est une immense étendue d'eau. L'eau de la mer est tellement salée que vous ne pouvez la boire.

La terre autour d'un lac ou de la mer est appelée *côte* ou *bord*.

La mer est souvent appelée *océan,* et sous ce nom on comprend toute l'étendue d'eau qui entoure le globe.

Des vaisseaux et des bateaux de toute espèce naviguent sur la mer, les fleuves, les rivières et les lacs.

Une multitude de poissons et d'autres animaux vivent dans l'eau, on y trouve également des plantes. En général, les animaux qui vivent dans la mer ne peuvent exister dans l'eau douce.

Routes, Villes, Villages, Ports.

En allant d'un endroit à un autre sur la terre, vous voyagez sur des *routes*. Ces routes, selon leur importance, sont appelées *routes de grande communication*, *routes départementales* ou *routes communales*.

En voyageant sur une route, vous rencontrez des hommes à pied et à cheval, des voitures, des diligences, des wagons sur les chemins de fer mis en mouvement par la vapeur; vous apercevez des collines, des montagnes, des vallées; vous voyez çà et là des maisons, des granges, des troupeaux, des arbres, des champs cultivés; vous traversez souvent de petites agglomérations de maisons qu'on appelle des *villages*. Dans votre voyage, vous arrivez dans des villes, qui sont de vastes agglomérations ou réunions de maisons avec beaucoup de rues et habitées par un grand nombre d'hommes.

On appelle *ports* les endroits situés sur le bord de la mer ou des rivières, où les vaisseaux et les bateaux peuvent aborder pour être chargés et déchargés, et où ils sont en sûreté.

Chemins de fer et Canaux.

Un *chemin de fer* est une route sur laquelle les wagons sont mis en mouvement par la force de la vapeur.

Beaucoup de personnes peuvent voyager ensemble dans ces wagons, qui transportent également des marchandises.

Les *canaux* sont de larges fossés creusés par la main de l'homme. Ils sont remplis d'eau et ressemblent à de petites rivières qui couleraient en droite ligne. Ils ont souvent une assez grande étendue, et au moyen de bateaux tirés par des chevaux, ils servent au transport des produits et des marchandises.

Manière de voyager sur l'eau.

Pour voyager sur l'eau, on se sert de bateaux, de bateaux à vapeur, et de vaisseaux.

Sur la terre, on suit des routes tracées, mais il n'y en a point en mer; ce qui fait que l'on peut prendre, quand le temps est favorable, toutes les directions que l'on désire.

Les vaisseaux ordinaires ont des voiles, et c'est le vent qui les pousse.

Les vaisseaux et bateaux à vapeur sont mis en mouvement par la force de la vapeur.

Il y a des embarcations de toute espèce : des bateaux, des barques, des canots, des vaisseaux avec deux ou trois mâts. Les vaisseaux sont les plus grandes embarcations ; ils vont à travers les mers dans des pays lointains pour transporter non-seulement des hommes, mais encore des animaux et des marchandises. C'est par ce moyen que certaines parties du monde éloignées entre elles échangent les produits de leur sol et ceux de leur industrie. Cet échange entre les divers pays s'appelle *commerce*.

Qui a fait ce qui existe.

Les continents, les îles, les montagnes, les collines, sont l'ouvrage de Dieu, de même que les rivières, les lacs, l'océan.

Les villes, les villages, les canaux, les routes, les chemins de fer, les vaisseaux, sont l'ouvrage des hommes.

Les choses qui ont été faites par Dieu sont appelées *ouvrages de la nature* ou *choses naturelles*.

On nomme *ouvrages d'art* ou *choses artificielles* ce qui a été fait par l'homme.

Forme du monde.—Globe terrestre.

La terre sur laquelle nous vivons est ronde. Elle a la forme d'une grosse boule; c'est un globe.

Ce globe est rond, et la gravure ci-après vous montre comment les hommes et les animaux sont placés sur la terre et de quelle manière les vaisseaux naviguent sur l'eau.

Notre globe est immense, et reste suspendu dans l'espace par la puissance de Dieu ; il se tourne chaque jour, et il est éclairé par le soleil, la lune et les étoiles.

Cartes géographiques.

Une carte est une espèce d'image. Dans les cartes, le nord se trouve presque toujours en haut, le sud au-dessous, l'est à main droite, et l'ouest à gauche.

Vous remarquerez que l'on se sert aussi bien souvent des mots *nord-est*, pour désigner la position des pays ou localités situés entre le nord et l'est ; *nord-ouest*, de ceux qui se trouvent entre le nord et l'ouest ; *sud-est*, de ceux entre le sud et l'est ; et *sud-ouest*, de ceux enfin qui sont placés entre le sud et l'ouest.

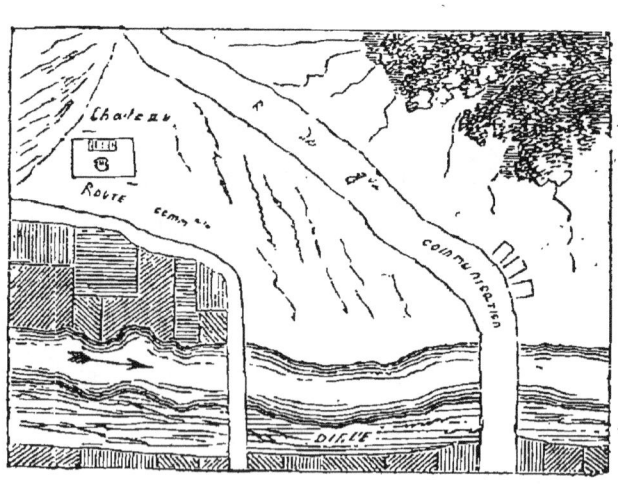

Ainsi nous pouvons voir dans l'image au-dessus de quel côté coule la rivière (le courant est indiqué par une flèche dont la pointe est tournée vers l'embouchure), quelle est la direction de la route, quelles sont les limites de la propriété que l'on aperçoit, où se trouvent situées les maisons, quelle est la partie du terrain couverte d'arbres. Cette espèce de carte s'appelle *plan*.

De même, en géographie, une carte nous montre la direction des rivières, les frontières ou limites des pays, la forme des mers, la position des villes et des villages, celle des montagnes, et enfin l'étendue comparative d'un pays, d'une île, d'une mer.

La Mappemonde.

Comme le monde est un grand globe, on a fait pour le représenter des globes en bois ou en carton avec des dessins qui nous montrent la surface de la terre.

On appelle ces globes *globes artificiels*, et ils donnent une idée correcte de la forme de la terre et de la situation des pays ; ils sont assez chers, et leur prix en interdit l'usage à beaucoup de personnes.

C'est pour cela que nous mettons sous les yeux de nos lecteurs une *mappemonde:* c'est ainsi que l'on nomme les cartes qui représentent la surface entière du monde.

Vous n'avez qu'à vous imaginer que ces deux cartes, dont chacune nous fait voir une moitié du globe, forment une boule ronde, et elles vous tiendront lieu du globe artificiel. En regardant ces deux cartes, vous verrez que la surface du monde est divisée en terre et eau.

Vous remarquerez qu'il y a beaucoup plus d'eau que de terre, et que si la terre sur une de ces deux cartes occupe un plus grand espace que l'eau, sur l'autre, au contraire, c'est l'eau qui s'y trouve en plus grande quantité.

On donne le nom d'*hémisphère* à chacune des moitiés du globe.

La carte de l'hémisphère oriental, ou de la moitié est de la terre, doit être considérée comme ne représentant que la moitié du globe entier ou de la boule sur laquelle nous vivons.

Hémisphère oriental.

Ancien continent.

— 22 —

L'*hémisphère occidental*, ou de l'ouest, représente la seconde moitié.

Hémisphère occidental.

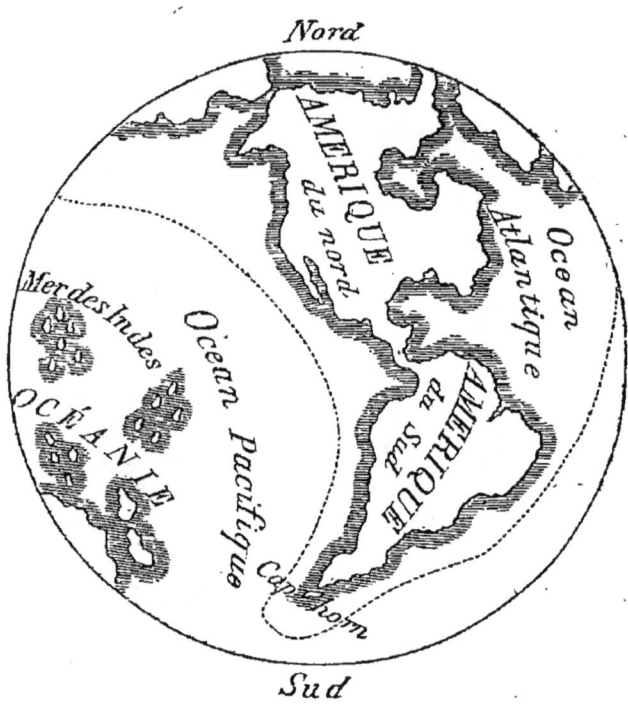

Nouveau continent.

Continents, Iles, Caps, etc. etc.

Jetez les yeux sur ces deux cartes. Vous voyez sur la première, c'est-à-dire sur l'hémisphère oriental, une grande portion de la terre, dont une partie est appelée *Europe*, une autre *Asie*, et une autre *Afrique*.

Sur la seconde, sur l'hémisphère occidental, vous voyez également une autre portion de la terre : c'est l'*Amérique*.

Ces deux grandes portions de terre que vous remarquez sont appelées *continents*.

Un continent est donc une grande partie de la terre comprenant plusieurs régions et entièrement entourée d'eau.

Il n'y a sur le globe que deux grands continents : le premier renferme l'Europe, l'Asie et l'Afrique, et se nomme *continent oriental*; le second, composé de l'Amérique du Nord et de l'Amérique du Sud, est appelé *continent occidental*

Outre ces deux grands continents, vous voyez dans les cartes des portions de la terre beaucoup plus petites et entièrement entourées d'eau ; ce sont des îles. On en trouve un grand nombre dans les deux hémisphères, et surtout dans l'océan Pacifique, que vous voyez sur l'hémisphère oriental. Celles qui sont situées dans cette partie du globe, et dont quelques-unes sont très-grandes, sont comprises sous le nom général d'*Océanie* ou *Australie*.

Ainsi, l'Europe, l'Asie, l'Afrique, l'Amérique et l'Océanie, sont ce qu'on appelle les cinq parties du monde.

On nomme *archipel* une réunion d'îles voisines les unes des autres.

Les *caps* sont des portions de terre qui s'avancent dans la mer. La pointe méridionale ou sud de l'Afrique, celle de l'Amérique méridionale, sont des caps.

Les *péninsules,* ou *presqu'îles*, sont des terres presque entourées d'eau et ne tenant au continent que d'un côté.

L'*isthme* est une portion étroite de terre resserrée entre deux mers. L'Afrique est unie à l'Asie par un isthme, l'Amérique du Nord est également unie par un isthme à l'Amérique du Sud.

Océan, Mers, Golfes, etc. etc.

En vous figurant les cartes des deux hémisphères formant un globe, vous pourrez comprendre facilement que l'eau, sur la surface du globe, n'est qu'un seul grand océan ou une seule mer qui l'entoure entièrement, de manière que l'on peut naviguer tout autour.

Les différentes parties de cette vaste mer sont indiquées par des noms distincts, comme *océan Pacifique*, *océan Atlantique*, *mer Glaciale* du nord et du sud, *mer des Indes*, *mer Méditerranée*, et d'autres.

Les *golfes* sont des enfoncements plus ou moins considérables de la mer dans la terre.

On appelle, en général, *baies* les golfes dont l'entrée est rétrécie.

Les petits enfoncements se nomment *anses*, quelquefois aussi *havres*, lorsqu'ils offrent un abri aux vaisseaux.

Les *rades* sont des espaces de mer dans le voisinage de la côte où les vaisseaux peuvent s'abriter lorsqu'ils n'entrent pas dans les ports.

Un *détroit* est une portion de mer resserrée entre deux terres et joignant ensemble deux mers.

On appelle *bas-fond* et *banc de sable* les endroits de la mer où il y a peu d'eau.

Les *récifs* sont des rochers à fleur d'eau ; on les appelle aussi *écueils*.

Les *dunes* sont de petites collines de sable sur le bord de la mer.

Les *falaises* sont des côtes élevées et escarpées du côté de la mer.

Voyage autour du monde.

Je vous ai dit que le globe sur lequel nous habitons est entouré d'eau ; on peut donc, à bord d'un vaisseau, faire le tour du monde. Je vais vous expliquer comment cela s'effectue.

Beaucoup de navires vont de Marseille en Asie pour y chercher du thé et de la soie. En regardant attentivement la mappemonde, vous verrez le chemin qu'ils prennent pour faire ce voyage.

D'abord partant du port de Marseille

dont je vais vous indiquer la position, et se dirigeant vers l'ouest, les navires traversent une partie de la Méditerranée, passent ensuite par le détroit qui sépare l'Europe de l'Afrique ; puis, naviguant vers le sud, le long de la côte occidentale de l'Afrique, tournent la pointe méridionale de ce pays, que l'on nomme le cap de Bonne-Espérance, parcourent une grande étendue de la mer des Indes, et arrivent enfin à Canton, ville d'un pays de l'Asie appelé la Chine, et dont vous trouvez également la position indiquée.

Les vaisseaux, pour opérer leur retour, peuvent prendre une route différente.

Ainsi ils peuvent traverser l'océan Pacifique, longer la côte ouest de l'Amérique, en se dirigeant vers le sud, tourner la pointe de l'Amérique méridionale qui s'appelle le cap Horn, traverser l'océan Atlantique en se dirigeant vers le nord-est, et rentrant dans la Méditerranée par ce même détroit qui sépare l'Europe de l'Afrique, regagner ainsi le port de Marseille.

Ce voyage peut être effectué dans l'espace d'une année environ.

Différence entre les divers pays.

Vous devez comprendre maintenant qu'il y a sur le globe beaucoup de contrées qui diffèrent entre elles.

Les hommes qui habitent ces divers pays ne se ressemblent pas tous.

Les uns sont blancs, comme en Europe; d'autres sont de couleur de cuivre, d'autres noirs.

Quelques-uns sont encore sauvages et féroces, d'autres bons et polis.

Il existe chez tous ces divers peuples une grande différence dans la manière de se vêtir.

Les gravures qui suivent vous font voir plusieurs costumes des pays étrangers.

Les animaux, les arbres, les plantes, varient à l'infini dans les diverses régions dont se compose le monde.

DROMADAIRE.

ÉLÉPHANT.

Vous voyez par exemple ci-dessus, à gauche un *dromadaire* d'Afrique, et à droite un *éléphant* d'Asie.

Regardez encore ici un *vautour*, là une *autruche*.

VAUTOUR.

AUTRUCHE.

Le premier se trouve dans les contrées où il y a des montagnes, l'autre habite les déserts de l'Afrique.

En voilà d'autres :

Cerf.

Chimpanzé.

Le *cerf* de nos pays ; le *chimpanzé*, ce singe qui ressemble presqu'à l'homme et qui vit dans les forêts de l'Afrique.

Baleine.

Phoque.

La *baleine* et le *phoque* se trouvent dans la mer Glaciale.

Comme les races des hommes et des animaux varient selon les pays qu'ils habitent, de même les plantes se trouvent en espèces différentes dans les diverses régions du globe.

Voici un *palmier* d'Afrique, dont les habitants de ce pays emploient les feuilles à la construction de leurs cabanes ; et un *mélo-cactus* d'Amérique, qui donne à la fois des fleurs magnifiques et des figues délicieuses.

PALMIER.   MÉLO-CACTUS.

Vous remarquerez aussi une grande différence dans les constructions qui servent d'habitations aux hommes dans les divers pays du globe.

Dans certaines contrées, les maisons sont faites avec des feuilles et des branches d'arbre ; ailleurs, en terre ou bien en brique ou en pierre.

— 32 —

On voit des *palais*, qui sont des habitations magnifiques, puis des *chaumières*.

Le climat et les saisons varient aussi beaucoup dans les diverses régions du globe.

Il y a des pays très-froids, où la neige et la glace ne fondent jamais ; d'autres, où la chaleur est presqu'insupportable.

De là la variété infinie dans les productions de la terre.

Par la suite, je vous ferai la description des différentes parties du globe.

brûla
de la
reuse
la ca
rage
vera
en s'
tructi
vail et
dans la
génér
travail
priété
gravite
cation
et pré
    C'est
émancip
cette bi
    Puis
génére
leront
suader
et sympath
vres et au
courage et

Paris. — Imprimerie

www.ingramcontent.com/pod-product-compliance
Lightning Source LLC
Chambersburg PA
CBHW060726050426
42451CB00010B/1654